A QUATRAIN

ON SLEEPING BEAUTY'S TOMB

A QUATRAIN
ON SLEEPING BEAUTY'S TOMB

Seventeen Poems by

BORIS PASTERNAK

Translated with an introduction by
William Benton

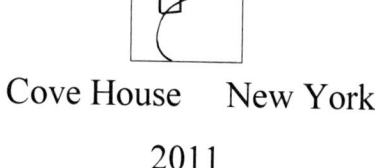

Cove House   New York

2011

Library of Congress Control Number: 2011921266

ISBN: 978-0-9833472-0-0

Grateful acknowledgement is made to
The Dirty Goat 20, in which Moochkap,
Wind, and Winter Night were first
published.

Cover art: Alexander Deineka, "Young Woman with Book," 1934,
State Russian Museum
Cover design: Natsuko Kinoshita

Cove House Press
P. O. Box 1586
New York, NY 10113

The stillness, set in

Fretwork, is solemn,

Like a quatrain

On Sleeping Beauty's tomb.

CONTENTS

INTRODUCTION

These translations were begun in the winter of 1999, with the Russian poet Elena Fattakova. I knew no Russian, and although Fattakova spoke well and wrote with intrepid talent, her English was less than perfect. Our "method" consisted of a line-by-line, verbal translation delivered extemporaneously by Fattakova (who stopped now and then to consult a dictionary), which I took down on a yellow pad. I then worked on the poem by myself, usually for several days, until I had a first draft. At this point I'd show it to Fattakova, often with questions about the original, and then revise accordingly – a process that was repeated until the piece was finished. However, by the time we reached this stage the project had grown attenuated. We had begun the translations as little more than a casual exercise between poets, without a goal in mind. Eventually, the stars moved on, and the work was left in various stages of uncertain completion.

Yet, to write a poem – even someone else's poem – carries with it a personal and passionate investiture. I'd brought the texts to a tentative level of finish. Blind spots and points of uncertainty nagged at me. Finally, a year or so later, I enlisted the help of a trio of Russian scholars at Columbia University, and began to rework my earlier versions.

In translating any poem there is a point – beyond the assistance of others – where the equivalent has to be *written*. It takes place in the close quarters of imposed sense, but at the same time demands a measure of autonomy in the poem's making. Writing about his translation of *Romeo and Juliet*, Pasternak says, "Love has no need of euphony. Truth, not sound, dwells in its heart." Yet his verse is more often than not strongly metrical and composed in stanzas of *a-b-a-b* rhymes. In fact, the content of a Pasternak poem is consistently shaped and refined by the stately presence of its own euphony.

During the time I worked on the translations I made it a point not to look at other English versions. Of those I read later, the least satisfactory examples seemed flawed by a wholesale attempt to reproduce the rhymes, and to some extent the pace, of the originals. Even the translations where rhyme was ignored were distorted by the need to accommodate an aspect of sense influenced, in the originals, by the rhyming words. In place of Pasternak's morphing, serpentine advance, one encountered a dutiful but often unwieldy catalog of inert images.

The total number of sounds in Russian is significantly fewer than in English, thus rhyme occurs with greater frequency and as a more natural consequence in Russian poetry. The ability to alloy regular metrics and conventionally rhymed stanzas with subtle and complex depth of expression sustained in Russia a poetic tradition of immense popularity. One of the problems for any translator is that the same forms – standard rhyme schemes and metrical patterns – carried over into English tend toward, if not doggerel, the numbing shallows of a parlor-game.

Also, throughout much of the twentieth century, the American ear was conditioned by a different music in the work of its leading poets. Classical rhyme and the metronome, as fixed elements in verse, were precisely what the modernist movement in English rejected. In Ezra Pound's "musical phrase," and William Carlos Williams's "variable foot of the American idiom," in the meditative cadences of T. S. Eliot and Wallace Stevens, a new sense of measure was of imminent concern. This set the stage for an extraordinary period in American literary history – a period that almost exactly parallels Pasternak's career – which remained vital for three-quarters of a century, winnowing its own achievements through rigorous and startling originality.

The difficulty of presenting Pasternak in English is further complicated by the direction poetry has taken over the past couple of decades, especially in the United States. To a large extent, through the sheer number of workshops and writing programs, poetry enjoys an unprecedented dissemination and acceptance. Yet that success is, at least for the moment, somewhat deceptive. Crepuscular academics, stand-up scriptwriters, mincing abstractionists, and fetch-my-quill dandies all sail under the scarlet colors of poetry. In a period where "Make it Old" has emerged as a motto, the affinities that can be discovered between current verse-making in America and the traditional forms in which Pasternak worked cast a shadow of confusion over the lyric strength, courage and velocity of his poetry and the circumstances in which it was written. Russian poets and writers risked death every day under Stalin. Mandelstam knew instantly what the knock on the door meant. Tsvetaeva in exile was the tragic parody of escape. The mnemonic function of rhyme had a different resonance when stanzas, written on cigarette paper, were memorized and then burned in Akhmatova's ashtray.

In Pasternak's originals, rhyme is such a crucial element that to try to retain it, not as obligatory décor, but as a functional value in the making of the translation, where possible, has been my general intention. In many instances half rhymes offered a better solution than classical rhymes. In some cases I avoided rhyme entirely and in others used it inconsistently. The arbiter in these variations has been an adherence to the truth of the poems, at least beyond any deference to *my* sound.

The seventeen poems presented here are taken from five different volumes, spanning a period of more than four decades: "Improvisation," from *Over the Barriers*, 1916; "Moochkap," "My Sister Life," from *My Sister Life*, 1917; "Pines, "Hoarfrost," "False Alarm," from *On Early Trains*, 1944; "Autumn," "Wind," "Hops,"

"Explanation," "Tryst," "Winter Night,"
"Hamlet," from *Doctor Zhivago*, 1953; "Silence,"
"Singular Days," "In Everything I Want To
Reach," "No Name," from *When the Weather
Clears*, 1959.

As a group, the poems follow no chronological
or thematic order. They represent a cross-section
of Pasternak's work; at the same time, they reflect
inevitably a subjective process of selection. The
translations, if they succeed at all, become one
more witness to the reach and power of
Pasternak's achievement.

A QUATRAIN
ON SLEEPING BEAUTY'S TOMB

СОСНЫ

В траве, меж диких бальзаминов,
Ромашек и лесных купав,
Лежим мы, руки запрокинув
И к небу головы задрав.

Трава на просеке сосновой
Непроходима и густа.
Мы переглянемся и снова
Меняем позы и места.

И вот, бессмертные на время,
Мы к лику сосен причтены
И от болезней, эпидемий
И смерти освобождены.

С намеренным однообразьем,
Как мазь, густая синева
Ложится зайчиками наземь
И пачкает нам рукава.

Мы делим отдых краснолесья,
Под копошенье мураша
Сосновою снотворной смесью
Лимона с ладаном дыша.

И так неистовы на синем
Разбеги огненных стволов,
И мы так долго рук не вынем
Из-под заломленных голов,

PINES

Among wild balsam,
Lilies and chamomile,
We lie on our backs,
Hands behind our heads.

The grass on the cutaway
Grows dense, impenetrable.
We exchange a glance, shift
And resettle our bodies.

Immortal for a moment
We are at one with the pines
And from sickness, epidemics,
And death, set free.

With deliberate monotony
A dense soothing blue
Lays sunbeams down
Staining our sleeves.

We share the leisure of pines
With the industry of ants,
Breathing in the soporific
Resin-scented incense.

The fiery trunks so ardently
Soar against the blue that
For a long time our hands remain
Beneath our upturned heads,

И столько широты во взоре,
И так покорны все извне,
Что где-то за стволами море
Мерещится все время мне.

Там волны выше этих веток
И, сваливаясь с валуна,
Обрушивают град креветок
Со взбаламученного дна.

А вечерами за буксиром
На пробках тянется заря
И отливает рыбьим жиром
И мглистой дымкой янтаря.

Смеркается, и постепенно
Луна хоронит все следы
Под белой магией пены
И черной магией воды.

А волны все шумней и выше,
И публика на поплавке
Толпится у столба с афишей,
Неразличимой вдалеке.

And our view is so wide,
Everything around us so obedient
That somewhere beyond the trunks
The sea, for me, is always there.

Tumbling crests of waves,
Taller than these branches,
Fall in a hailstorm of shrimp
Dredged up from the ocean floor.

Evening, a lingering dusk floats
On the corks of a trawler,
Shimmering with fish shine
And the hazy smoke of amber.

It gets darker and slowly
The moon hides the track
Of day beneath the foam's white
Magic and the water's black.

The waves grow louder and higher
And on the dock a crowd stands
Gathered around a kiosk poster –
Indistinguishable at this distance.

ОСЕНЬ

Я дал разъехаться домашним,
Все близкие давно в разброде,
И одиночеством всегдашним
Полно всё в сердце и природе.

И вот я здесь с тобой в сторожке.
В лесу безлюдно и пустынно.
Как в песне, стежки и дорожки
Позаросли наполовину.

Теперь на нас одних с печалью
Глядят бревенчатые стены.
Мы брать преград не обещали,
Мы будем гибнуть откровенно.

Мы сядем в час и встанем в третьем,
Я с книгою, ты с вышиваньем,
И на рассвете не заметим,
Как целоваться перестанем.

Еще пышней и бесшабашней
Шумите, осыпайтесь, листья,
И чашу горечи вчерашней
Сегодняшней тоской превысьте.

Привязанность, влеченье, прелесть!
Рассеемся в сентябрьском шуме!
Заройся вся в осенний шелест!
Замри или ополоумей!

AUTUMN

I let the family disperse;
Those close to me were long ago scattered,
And the familiar loneliness
Fills everything, heart and nature.

I'm here in the cabin with you.
The forest is deserted. As in an old song,
The footpaths and avenues
Lie half-overgrown.

Now the log walls stare
Sadly at the two of us. We
Never promised to take the barricades.
We will perish sincerely.

Sit down at one, get up at three,
I have a book, you, embroidery.
We won't notice at dawn
How our kisses stopped, or when.

Leaves, make a racket, reckless
And magnificent, clatter away,
Until yesterday's cup of bitterness
Overflows with the sadness of today.

Attachment, attraction, charm!
Let's dissolve in September clamor! Hide
Under the rustle of autumn!
Be quiet, or go mad!

Ты так же сбрасываешь платье,
Как роща сбрасывает листья,
Когда ты падаешь в объятье
В халате с шелковою кистью.

Ты - благо гибельного шага,
Когда житье тошней недуга,
А корень красоты - отвага,
И это тянет нас друг к другу.

You remove your dress
Like a grove sheds leaves;
In a silk-tasseled bathrobe
You sink into my embrace.

You are the grace in the final step,
When living, more than illness, means disaster.
The root of beauty is courage –
That's what draws us to each other.

ИНЕЙ

Глухая пора листопада.
Последних гусей косяки.
Расстраиваться не надо:
У страха глаза велики.

Пусть ветер, рябину заняньчив,
Пугает ее перед сном.
Порядок творенья обманчив,
Как сказка с хорошим концом.

Ты завтра очнешься от спячки
И, выйдя на зимнюю гладь,
Опять за углом водокачки
Как вкопанный будешь стоять.

Опять эти белые мухи,
И крыши, и святочный дед,
И трубы, и лес лопоухий
Шутом маскарадным одет.

Все обледенело с размаху
В папахе до самых бровей
И крадущейся росомахой
Подсматривает с ветвей.

Ты дальше идешь с недоверьем.
Тропинка ныряет в овраг.
Здесь инея сводчатый терем,
Решетчатый тес на дверях.

HOARFROST

Muffled time of leaf fall,
The last vees of geese;
Don't get upset – all
Fear has wide eyes.

Let the wind that lulls the ash
Scare her before she sleeps.
Creation is deceptive,
Like the ending of a fairy tale.

Tomorrow you will wake,
Walk out into the winter sheen
Behind the water pump
And stand rooted in the scene.

Again those white flies,
Rooftops and Christmas rooms,
Chimneys and the lop-eared woods
Dressed in Jokers' costumes.

At once everything whitens
In a *papakha* up to the brows.
A stealthy wolverine
Peeks through the boughs.

Uncertain, you cross the yard,
The path plunging down a ravine
To a gingerbread house of frost,
Its doors and windows starred.

За снежной густой занавеской
Какой-то сторожки стена,
Дорога, и край перелеска,
И новая чаща видна.

Торжественное затишье,
Оправленное в резьбу,
Похоже на четверостишье
О спящей царевне в гробу.

И белому мертвому царству,
Бросавшему мысленно в дрожь,
Я тихо шепчу: "Благодарствуй,
Ты больше, чем просят, даешь".

Inside, behind the snow's
Thick curtain, on the wall of
A kind of cabin, a road goes
Past a clearing to a new grove.

The stillness, set in
Fretwork, is solemn,
Like a quatrain
On Sleeping Beauty's tomb.

To the kingdom white and dead
That sends shudders through me,
I whisper quietly, thank you,
You give more than is demanded.

ВЕТЕР

Я кончился, а ты жива.
И ветер, жалуясь и плача,
Раскачивает лес и дачу.
Не каждую сосну отдельно,
А полностью все дерева
Со всею далью беспредельной,
Как парусников кузова
На глади бухты корабельной.
И это не из удальства
Или из ярости бесцельной,
А чтоб в тоске найти слова
Тебе для песни колыбельной.

WIND

I'm finished, but you're alive,
And the crying, complaining wind
Rocks the house and the forest,
Not each pine separately
But with infinite distance
All the trees together,
Like sailboats inside a bay
Riding out a storm.
This isn't due to daring
Or from aimless rage
But to make for you a lullaby
with words of grief and longing.

ХМЕЛЬ

Под ракитой, обвитой плющом,
От ненастья мы ищем защиты.
Наши плечи покрыты плащом.
Вкруг тебя мои руки обвиты.

Я ошибся... Кусты этих чащ
Не плющом перевиты, а хмелем.
Ну так лучше давай этот плащ
В ширину под собою расстелим.

HOPS

Beneath the ivy-entwined willow
We found shelter from the wet weather,
Both of us huddled under one raincoat,
My arms in a circle around you.

It was hops, not ivy, intertwined
In that thicket of willow branches.
We spread the raincoat out, softly lined,
Wide on the ground beneath us.

ТИШИНА

Пронизан солнцем лес насквозь.
Лучи стоят столбами пыли.
Отсюда, уверяют, лось
Выходит на дорог развилье.

В лесу молчанье, тишина,
Как будто жизнь в глухой лощине
Не солнцем заворожена,
А по совсем другой причине.

Действительно, невдалеке
Средь заросли стоит лосиха.
Пред ней деревья в столбняке.
Вот отчего в лесу так тихо.

Лосиха ест лесной подсед,
Хрустя обгладывает молодь.
Задевши за ее хребет,
Болтается на ветке желудь.

Иван-да-марья, зверобой,
Ромашка, иван-чай, татарник,
Опутанные ворожбой,
Глазеют, обступив кустарник.

Во всем лесу один ручей
В овраге, полном благозвучья,
Твердит то тише, то звончей
Про этот небывалый случай.

SILENCE

Sunlight penetrates the green dark.
Rays stand like pillars of dust.
They say elk from the forest
Appear here, at the road's fork.

Muteness, silence, as if
In a remote hollow life
Is mesmerized not by the sun
But for a different reason.

And it's true, not far away stands
A doe elk in a thicket,
The surrounding trees entranced.
That's why the woods are so quiet.

The elk gnaws at dead bark,
Grazing among the young plants.
Acorns brush against her back,
From a branch's eminence.

Cow weed, St. John's wort, chamomile,
Rose bay, and thistle,
Tangled in sorcery, stare from under
A bush in wide-eyed wonder.

Throughout the forest, a single stream
Fills the ravine with euphony,
Repeating quietly the theme
Of this incredible event, then loudly,

Звеня на всю лесную падь
И оглашая лесосеку,
Он что-то хочет рассказать
Почти словами человека.

Ringing over the forest carrion,
Proclaiming a clearing.
It wants to tell us
Something almost human.

ОБЪЯСНЕНИЕ

Жизнь вернулась так же беспричинно,
Как когда-то странно прервалась.
Я на той же улице старинной,
Как тогда, в тот летний день и час.

Те же люди и заботы те же,
И пожар заката не остыл,
Как его тогда к стене Манежа
Вечер смерти наспех пригвоздил.

Женщины в дешевом затрапезе
Так же ночью топчут башмаки.
Их потом на кровельном железе
Так же распинают чердаки.

Вот одна походкою усталой
Медленно выходит на порог
И, поднявшись из полуподвала,
Переходит двор наискосок.

Я опять готовлю отговорки,
И опять всё безразлично мне.
И соседка, обогнув задворки,
Оставляет нас наедине.

———————

EXPLANATION

Life, interrupted without reason,
Begins again in the same way.
I'm on the street I was then,
Same hour, same summer day.

Same people, same vanities,
The fiery sunset hasn't waned
Since the evening death pinned it
Hastily to the wall of the *Manege.*

In cotton dresses and clogs
Women clatter in the night again,
Crucified like before,
In attics with roofs of tin.

Here, one climbs up from the basement,
Emerges on the threshold,
And with a tired gait,
Slowly crosses the yard.

Again, I prepare excuses,
Again, in an indifferent tone,
And the neighbor woman cuts through the alley,
Leaving us alone.

———

Не плачь, не морщь опухших губ,
Не собирай их в складки.
Разбередишь присохший струп
Весенней лихорадки.

Сними ладонь с моей груди,
Мы провода под током.
Друг к другу вновь, того гляди,
Нас бросит ненароком.

Пройдут года, ты вступишь в брак,
Забудешь неустройства.
Быть женщиной — великий шаг,
Сводить с ума — геройство.

А я пред чудом женских рук,
Спины, и плеч, и шеи
И так с привязанностью слуг
Весь век благоговею.

Но, как ни сковывает ночь
Меня кольцом тоскливым,
Сильней на свете тяга прочь
И манит страсть к разрывам.

Don't weep, don't purse your
Swollen lips into wrinkles.
Don't reopen the dried-up
Scabs of a feverish spring.

Remove your hand from my chest.
We are bare wires.
Any moment could throw us
Again into each other.

Years will pass, you'll marry
And forget this disarray.
To be a woman is a great act,
To drive men crazy, heroic.

Before the miracle of a woman's
Back, shoulders, neck, hands,
I am with a servant's devotion
A whole age of reverence.

But however much night
with its chain of rings binds me,
Stronger in the world remains
The passion to break free.

ЕДИНСТВЕННЫЕ ДНИ

На протяженье многих зим
Я помню дни солнцеворота,
И каждый был неповторим
И повторялся вновь без счета.

И целая их череда
Составилась мало-помалу -
Тех дней единственных, когда
Нам кажется, что время стало.

Я помню их наперечет:
Зима подходит к середине,
Дороги мокнут, с крыш течет
И солнце греется на льдине.

И любящие, как во сне,
Друг к другу тянутся поспешней,
И на деревьях в вышине
Потеют от тепла скворешни.

И полусонным стрелкам лень
Ворочаться на циферблате,
И дольше века длится день,
И не кончается объятье.

SINGULAR DAYS

From many winters
I remember the solstice;
Days, each unrepeatable,
Repeated again – countless.

The whole sequence
Accrued little by little,
Singular days when to us
Time, it seemed, stood still.

I remember them all so
Well. Winter at mid-point,
The sun basking on the ice-flow,
Roofs dripping, the roads wet.

Lovers reach toward each
Other, as in a dream.
High in the tops of trees
The starlings' houses steam.

Arms too lazy to turn,
Half-asleep on the clock face,
The day outlasts the millennium
In one endless embrace.

СВИДАНИЕ

Засыплет снег дороги,
Завалит скаты крыш.
Пойду размять я ноги,
За дверью ты стоишь.

Одна, в пальто осеннем,
Без шляпы, без калош,
Ты борешься с волненьем
И мокрый снег жуешь.

Деревья и ограды
Уходят вдаль, во мглу.
Одна средь снегопада
Стоишь ты на углу.

Течет вода с косынки
По рукаву в обшлаг,
И каплями росинки
Сверкают в волосах.

И прядью белокурой
Озарены: лицо,
Косынка, и фигура,
И это пальтецо.

Снег на ресницах влажен,
В твоих глазах тоска,
И весь твой облик слажен
Из одного куска.

TRYST

The roads are covered with snow,
The rooftops piled high.
To stretch my legs I go
Out a door you're standing by.

In a fall coat, alone,
Without galoshes or hat,
You struggle with emotion,
Crumbs of snow wet

On your lips. Into mist, all
The fences and trees disappear.
You stand in snowfall
Alone on the corner.

Water runs from the scarf
Down your sleeve where,
Like dew, it soaks the cuff.
It glistens in your hair.

The blonde hair
Illuminates with one lock:
The face, scarf, figure,
And the shabby frock.

Your look is
All of a piece – snow
On your eyelashes,
In your eyes, sorrow.

Как будто бы железом,
Обмокнутым в сурьму,
Тебя вели нарезом
По сердцу моему.

И в нем навек засело
Смиренье этих черт,
И оттого нет дела,
Что свет жестокосерд.

И оттого двоится
Вся эта ночь в снегу,
И провести границы
Меж нас я не могу.

Но кто мы и откуда,
Когда от всех тех лет
Остались пересуды,
А нас на свете нет?

The image of your life
In lines finely cut
Is with pointed steel
Drawn on my heart.

The humility of your features
Forever in it –
That's why the indifference
Of the world's irrelevant.

And that's why I'm your
Double. In the borderless
Night, the lines blur
That would divide us.

And who are we,
After years, and from where,
If rumors remain,
But we're not there?

ЗИМНЯЯ НОЧЬ

Мело, мело по всей земле
Во все пределы.
Свеча горела на столе,
Свеча горела.

Как летом роем мошкара
Летит на пламя,
Слетались хлопья со двора
К оконной раме.

Метель лепила на стекле
Кружки и стрелы.
Свеча горела на столе,
Свеча горела.

На озаренный потолок
Ложились тени,
Скрещенья рук, скрещенья ног,
Судьбы скрещенья.

И падали два башмачка
Со стуком на пол.
И воск слезами с ночника
На платье капал.

И все терялось в снежной мгле
Седой и белой.
Свеча горела на столе,
Свеча горела.

WINTER NIGHT

Whirled, whirled the world over,
To earth's end.
The candle burned on the table,
The candle burned.

Like summer insects
Into the flame
The swirling snowflakes
Swarmed the windowpane.

On the glass the storm scribbled
Arrows and circles.
The candle burned on the table,
The candle burned.

And on the lit ceiling,
Shadows lay,
Crossed hands, crossed feet,
Crossed destiny.

Two slippers drop
To the floor – bang, plop.
Hot wax tears
Spill onto a dress.

Everything's lost in a snow maze
Of whites and grays.
The candle burned on the table,
The candle burned,

На свечку дуло из угла,
И жар соблазна
Вздымал, как ангел, два крыла
Крестообразно.

Мело весь месяц в феврале,
И то и дело
Свеча горела на столе,
Свеча горела.

And wavered in a draft,
Heat of temptation roused
Like angels' wings that waft
Upward – crossed.

The whole month of February it snowed.
And all the while,
The candle burned on the table,
The candle burned.

ИМПРОВИЗАЦИЯ

Я клавишей стаю кормил с руки
Под хлопанье крыльев, плеск и клекот.
Я вытянул руки, я встал на носки,
Рукав завернулся, ночь терлась о локоть.

И было темно. И это был пруд
И волны.- И птиц из породы люблю вас,
Казалось, скорей умертвят, чем умрут
Крикливые, черные, крепкие клювы.

И это был пруд. И было темно.
Пылали кубышки с полуночным дегтем.
И было волною обглодано дно
У лодки. И грызлися птицы у локтя.

И ночь полоскалась в гортанях запруд,
Казалось, покамест птенец не накормлен,
И самки скорей умертвят, чем умрут
Рулады в крикливом, искривленном горле.

IMPROVISATION

I fed them with a key from my hand –
Wings flapping, a splashing, screeching band.
I stretched my hands out, stood on tiptoe,
A sleeve rolled up, night nudging my elbow.

And it was dark. And it was a pond.
And waves. And the "I love you" bird
Seemed sooner to kill than let die
The black beaks' penetrating cry.

And it was a pond. And was dark.
The torch of a water lily blazed yellow.
A wave gnawed at the arc
Of a boat's bottom. Birds bickered at my elbow.

The millpond gargled the night sky.
It seemed that if a single nestling went unfed
The bitches sooner would kill than let die,
In the distorted throat, the loud roulade.

МУЧКАП

Душа - душна, и даль табачного
Какого-то, как мысли, цвета.
У мельниц - вид села рыбачьего:
Седые сети и корветы.

Крылатою стоянкой парусной
Застыли мельницы в селеньи,
И все полно тоскою яростной
Отчаянья и нетерпенья.

Ах, там и час скользит, как камешек
Заливом, мелью рикошета!
Увы, не тонет, нет, он там еще,
Табачного, как мысли, цвета.

Увижу нынче ли опять ее?
До поезда ведь час. Конечно!
Но этот час обьят апатией
Морской, предгромовой, кромешной.

MOOCHKAP

Soul-stifled, the distance tobacco
Colored – sort of – like thoughts.
The mills have a fishing village look:
Weathered nets and boats.

Windmills numb in the village,
Sails in still air,
Everything is filled with fierce anguish,
Impatience, despair.

Here an hour skips like a stone.
It ricochets over the shallows.
Alas, it doesn't sink, no,
It's still there, thought-like, brown.

Will I see her again? Certainly!
An hour till the train –
An hour embraced by apathy,
Pitch-dark, imperiled, marine.

ГАМЛЕТ

Гул затих. Я вышел на подмостки.
Прислонясь к дверному косяку,
Я ловлю в далеком отголоске,
Что случится на моем веку.

На меня наставлен сумрак ночи
Тысячью биноклей на оси.
Если только можно, Авва Отче,
Чашу эту мимо пронеси.

Я люблю твой замысел упрямый
И играть согласен эту роль.
Но сейчас идет другая драма,
И на этот раз меня уволь.

Но продуман распорядок действий,
И неотвратим конец пути.
Я один, все тонет в фарисействе.
Жизнь прожить - не поле перейти.

HAMLET

The roar dies. I walk on stage.
Leaning against a doorframe
I try to catch, in the echoing age,
What will happen in my time.

The darkness stares out at me
Through a thousand pairs of opera-glasses.
Abba, Father, let this cup pass
From me. If only that could be.

I love your obstinate design
And agree to play my part.
But the current drama isn't mine;
This once, let me bow out.

Yet the order of acts is well planned,
The journey's end already sealed.
Everything drowns in Pharisaism; I'm alone.
To live a life is not to cross a field.

Во всем мне хочется дойти . . .

Во всем мне хочется дойти
До самой сути.
В работе, в поисках пути,
В сердечной смуте.

До сущности протекших дней,
До их причины,
До оснований, до корней,
До сердцевины.

Всё время схватывая нить
Судеб, событий,
Жить, думать, чувствовать, любить,
Свершать открытья.

О, если бы я только мог
Хотя отчасти,
Я написал бы восемь строк
О свойствах страсти.

О беззаконьях, о грехах,
Бегах, погонях,
Нечаянностях впопыхах,
Локтях, ладонях.

Я вывел бы ее закон,
Ее начало,
И повторял ее имен
Инициалы.

In everything I want to reach . . .

In everything I want to reach
The essence – in my art,
In seeking a way as such,
In the discords of the heart.

I want to arrive at past days,
The still point of the beginning,
The ground, the dark ways
Of roots, the core of the thing.

I always try to catch the thread
Of events, of destinies,
To live, think, feel, love, and
To make discoveries.

If I could just do it,
If I could get it done,
I would write eight lines
About the essence of passion,

About unlawful acts,
Sins, escapes, pursuits, alarms,
Unpredictable things in a rush,
Elbows, palms.

I would discern its rules,
Its source, and proclaim
Again and again the initials
Of her name.

Я б разбивал стихи, как сад.
Всей дрожью жилок
Цвели бы липы в них подряд,
Гуськом, в затылок.

В стихи б я внес дыханье роз,
Дыханье мяты,
Луга, осоку, сенокос,
Грозы раскаты.

Так некогда Шопен вложил
Живое чудо
Фольварков, парков, рощ, могил
В свои этюды.

Достигнутого торжества
Игра и мука -
Натянутая тетива
Тугого лука.

I'd plant poems like a garden
Trembling in the sun,
Where the bloom of the linden
Forms a single line.

I'd have roses and mint
That breathe like poems,
Sedge, meadows, hayfields
And thunderstorms.

Chopin, in the same way,
Miraculously alludes
To homesteads, parks, groves, graves
In his etudes.

The contest of suffering
And triumph also
Tightens the string,
Bending the bow.

ЛОЖНАЯ ТРЕВОГА

Корыта и ушаты,
Нескладица с утра,
Дождливые закаты,
Сырые вечера,

Проглоченные слезы
Во вздохах темноты,
И зовы паровоза
С шестнадцатой версты.

И ранние потемки
В саду и на дворе,
И мелкие поломки,
И все как в сентябре.

А днем простор осенний
Пронизывает вой
Тоскою голошенья
С погоста за рекой.

Когда рыданье вдовье
Относит за бугор,
Я с нею всею кровью
И вижу смерть в упор.

Я вижу из передней
В окно, как всякий год,
Своей поры последней
Отсроченный приход.

FALSE ALARM

Troughs and tubs,
Morning fuss
Rainy sunsets,
Damp evenings,

Tears swallowed
In dark sighs,
The summons of a train
At sixteen versts.

Early dusk
In the garden
And broken things –
September again.

At noon autumn expands
Into a wail of anguish
From the churchyard
Across the river.

When a widow's sobs
Carry over the hill
I'm with her in one blood
And see death's straight stare.

From the front window
Every year I watch
The delayed coming
Of my final season.

Пути себе расчистив,
На жизнь мою с холма
Сквозь желтый ужас листьев
Уставилась зима.

Clearing a way
Down through the yellow
Horror of leaves,
Winter stares at my life.

СЕСТРА МОЯ ЖИЗНЬ

Сестра моя - жизнь и сегодня в разливе
Расшиблась весенним дождем обо всех,
Но люди в брелоках высоко брюзгливы
И вежливо жалят, как змеи в овсе.

У старших на это свои есть резоны.
Бесспорно, бесспорно смешон твой резон,
Что в грозу лиловы глаза и газоны
И пахнет сырой резедой горизонт.

Что в мае, когда поездов расписанье
Камышинской веткой читаешь в пути,
Оно грандиозней святого писанья,
Хотя его сызнова все перечти.

Что только закат озарит хуторянок,
Толпою теснящихся на полотне,
Я слышу, что это не тот полустанок,
И солнце, садясь, соболезнует мне.

И в третий плеснув, уплывает звоночек
Сплошным извиненьем:жалею, не здесь.
Под шторку несет обгорающей ночью,
И рушится степь со ступенек к звезде.

Мигая, моргая, но спят где-то сладко,
И фата-морганой любимая спит
Тем часом, как сердце, плеща по площадкам,
Вагонными дверцами сыплет в степи.

MY SISTER LIFE

My sister, life is overflowing today,
Crashing into everything with spring rains.
Like snakes in oats, peevish people sting politely,
With monocles on their chains.

Adults have their own reasons for that.
Undoubtedly, undoubtedly yours is comic,
That in thunder eyes and lawns turn lilac,
And the horizon smells of wet mignonette.

That in May on the Kamyshin line
To consult the timetable along the way
Is greater – even if you read it all again –
Than the Holy Word can say.

That the setting sun highlights girls
Crowded around the railroad track, as
I discover it's not my stop
And the sun, descending, sympathizes.

Splashing three times, the bell sails away
In all apology: sorry, not here.
Scorched night rushes under the shade.
The land stretches back to a star.

Flickering, blinking, sweetly somewhere,
My love, like a mirage, and others sleep.
The heart pours over every platform,
Scattering bright doors across the steppe.

БЕЗ НАЗВАНИЯ

Недотрога, тихоня в быту,
Ты сейчас вся огонь, вся горенье,
Дай запру я твою красоту
В темном тереме стихотворенья.

Посмотри, как преображена
Огневой кожурой абажура
Конура, край стены, край окна,
Наши тени и наши фигуры.

Ты с ногами сидишь на тахте,
Под себя их поджав по-турецки.
Все равно, на свету, в темноте,
Ты всегда рассуждаешь по-детски.

Замечтавшись, ты нижешь на шнур
Горсть на платье скатившихся бусин.
Слишком грустен твой вид, чересчур
Разговор твой прямой безыскусен.

Пошло слово любовь, ты права.
Я придумаю кличку иную.
Для тебя я весь мир, все слова,
Если хочешь, переименую.

Разве хмурый твой вид передаст
Чувств твоих рудоносную залежь,
Сердца тайно светящийся пласт?
Ну так что же глаза ты печалишь?

NO NAME

Touch-me-not, coldly demure,
Now you're all fire, all aflame.
Let me lock your beauty
In the dark tower of a poem.

Look how the fiery peel
Of the lampshade transforms
The corner of the wall, the window sill,
Our shadows and our forms.

You sit cross-legged, alone
On a couch. In the light,
In the dark, either one,
Going on in your childish spite.

Abstracted, you string beads
That scatter onto your dress.
You are much too sad,
Your conversation ingenuous.

The word "love" is banal –
You're right. For you, I'll find a new
Name for it. I'll change it all,
The words, the world, too.

How can your depressed glance impart
The ore deposit of the feelings you had,
The secretly glowing layers of your heart?
Why do you look so sad?

NOTES

Page 27. *Papakha:* A large fur hat, worn in Russia.

Page 33. The Russian word for "hops" also means intoxication.

Page 39. *Manege:* A building and square in Moscow, where there was fighting during the revolution. The building burned to the ground in 2004.

Page 55. *Moochkap*: A town in Russian, near Moscow.

Page 57. "To live a life is not to cross a field" is a Russian proverb.

Thanks are due foremost to Elena Fattakova, without whom these
translations would not have been written. I'm also grateful to Irina
Klyagin, Nadia Michoustina and Lyudmilla Parts for indispensable
assistance at a time when everything had gone black, and to
Evgeniya Troitskaya for helping me finish the job. Thanks also to
Tamara Glenny, Ann McGarrell, David Polk and Sabina
Rakcheyeva for reading the manuscript and making valuable
suggestions.

ABOUT THE TRANSLATOR

William Benton is the author of several books of poetry including *Marmalade*, *Normal Meanings*, and *Eye La View*. His poems have appeared in *The New Yorker, The Paris Review, Open City*, and other magazines. He is also the author of *Exchanging Hats*, a book on the paintings of Elizabeth Bishop, and *Madly*, a novel.

CPSIA information can be obtained at www.ICGtesting.com
Printed in the USA
LVOW13s1505220414

382758LV00001B/12/P

9 780983 347200